AF253575

LA
VOLONTÉ NATIONALE

En vente à la Librairie de E. LACHAUD, éditeur,

4, PLACE DU THÉATRE-FRANÇAIS, A PARIS.

DU MÊME AUTEUR :

Les Malédictions, 3ᵉ édition (épuisée), 1 vol. . . 2 fr.

Lamartine (1 acte, en vers. Théâtre de la Gaîté),
    1 vol. . . , ... 1 fr.

La Voix du Maître (1 acte, en vers. Théâtre de
    l'Odéon), 1 vol. . . . . 2 fr.

L'INVASION, 12ᵉ édition. 1 vol. . . . . , 2 fr.

L'Invasion, un beau volume in-18 jésus (prix, 2 fr.), et qui a obtenu un succès extraordinaire pendant le premier siége de Paris, est envoyé *franco* aux souscripteurs, contre la somme de 2 francs adressée à la Librairie E. LACHAUD, 4, place du Théâtre-Français.

ALBERT DELPIT

LA
VOLONTE NATIONALE

PARIS

E. LACHAUD, ÉDITEUR

4, PLACE DU THÉATRE-FRANÇAIS, 4

—

1871

LA

VOLONTÉ NATIONALE

I

LE PROVISOIRE

Supposez un homme atteint d'une maladie mortelle et placé entre deux médecins, qui tous les deux ont la prétention de le guérir : Si, ne pouvant parvenir à s'entendre sur les moyens à employer, ces deux savants prennent le parti de laisser agir la nature seule, et d'abandonner le malade à lui-même, que résultera-t-il pour lui de tout cela ? De deux choses l'une : ou le pauvre homme guérira, et alors on pourra dire qu'il a une rude constitution ; ou il

mourra, ce qui est plus probable, et chaque docteur mur-
murera en a parté, d'un air assassin, cette petite phrase
consolante pour son amour-propre : « Ah ! si on m'avait
laissé faire ! »

Le malade qui est atteint mortellement, c'est la France.

Le premier médecin, c'est M. Thiers ; le second, l'Assemblée nationale. Quant à la maladie, elle s'appelle le Provisoire.

Ceci est une chose dûment convenue entre nos gouvernants. Celui qui a le malheur de vouloir examiner de près
la situation où nous sommes, celui-là est un misérable, un
ami du désordre, un communiste, en un mot, tout ce que
l'on pourra trouver de plus infâme. Je ne m'étendrai pas
sur cette manière de supporter la responsabilité ministé-
rielle. Il est évident que si je confie un million à un banquier, j'ai le droit de lui demander ce qu'il fait de mon
argent, ou ce qu'il compte en faire. Or, si à chaque question de ma part mon banquier prend un air indigné, et me
répond : « Laissez-moi faire, ou vous vous ruinez ! » j'aurai
parfaitement le droit, à un moment donné, de trouver in-
suffisante une réponse aussi équivoque, et d'en exiger une
autre. M. Thiers n'agit pas différemment. Chaque fois qu'un
député quelconque élève la voix pour lui demander où
nous allons, ce qu'il compte faire du pays, enfin de quels
moyens il compte user pour tirer de l'abîme notre France
si menacée, l'honorable chef du Pouvoir exécutif a toujours
en poche un discours magnifique pour lui prouver, par
A + B, que le seul moyen de bien faire, c'est de ne rien
faire du tout : il appelle cela le Provisoire.

Provisoire, c'est avec ce mot-là que les gouvernements se perdent et que les nations se déshonorent !

M. Thiers possède à juste titre une grande influence sur le pays ; il joue avec la Chambre comme un mignon d'Henri III avec son bilboquet. La Chambre est tout ce qu'il y a en France de moins républicain, et M. Thiers veut loyalement conserver la République, tout en la détestant. Cependant tous deux s'entendent ou paraissent s'entendre, ce qui est la même chose en un temps de transition comme celui-ci. Or, l'origine de cette autorité possédée par l'illustre président du Conseil n'est pas, comme on pourrait le croire, dans son passé, dans d'éclatants services, dans une fascination d'éloquence ; non, elle vient de ce mot, doux aux ambitieux, et terrible aux honnêtes gens, ce mot qui fait briller aux yeux de tous les partis le mirage de leurs opinions triomphantes : le Provisoire ! Cela veut dire : attendons ; je sais bien que la situation actuelle n'est pas tranchée, n'est pas nette, et ne signifie rien en somme, mais d'ici quelque temps nous verrons à nous entendre. M. Thiers a répété cela tous les jours, et tous les jours ce *quos ego* gouvernemental suffisait à apaiser les tempêtes parlementaires. Est-ce qu'il n'y a pas l'histoire du barbier, écrivant au front de sa boutique : *Ici on rase gratis demain ?*

Eh bien, je le dis hautement, la politique de temporisation adoptée par le cabinet de Versailles, mène la France tout droit à l'abîme.

On n'a pas le droit, quand on est le chef d'une nation comme la France, on n'a pas le droit de jeter le pays dans une incertitude continuelle, qui enraye les transactions commerciales et arrête le crédit. Après huit mois aussi terribles que ceux que nous venons de traverser ; après avoir perdu tour à tour une partie de son influence politique et de son importance industrielle, après tant d'épreuves, mais aussi après tant de gloire, il faut à la France, pour se relever de ses ruines, une situation nettement définie. Il faut qu'elle puisse travailler à se refaire, et cela n'est possible que si elle n'a plus le souci du lendemain ; en un mot, il faut qu'elle soit débarrassée de ce Provisoire, si cher à M. Thiers, mais si nuisible au pays!

L'Assemblée nationale, en acceptant la situation que lui propose son chef, agit dans un double sentiment : l'espérance de voir arriver une monarchie constitutionnelle, même despotique, au besoin, et le désir effréné qu'elle éprouve de se cramponner à ce lambeau de pouvoir que le peuple lui a confié. Tous n'ont qu'un rêve : voir se prolonger le mandat qui leur a été donné. Assemblée nationale, convoquée pour traiter de la paix ou de la guerre, elle a déclaré qu'au besoin elle pourrait être Constituante, tout cela sans consulter de nouveau le suffrage universel : peu lui importe; ce qu'elle veut, c'est garder le pouvoir.

Voilà pourquoi la Chambre accepte avec reconnaissance le Provisoire de M. Thiers.

Quant au pays, on ne se donne pas la peine de le consulter : le procédé est à la fois plus simple et plus sûr. Nous saurons tout à l'heure ce qui arriverait, si on avait recours à lui; pour le moment, voyons ce qui reste à étudier, dans cette stabilité de l'ordre de choses actuel qui, d'après l'illustre président de la République, est notre seul port de salut.

Dans l'entente de l'Assemblée et du Cabinet, il y a un autre motif que celui que nous avons indiqué plus haut : ce motif, c'est l'aversion profonde que les uns et les autres éprouvent pour le principe républicain. Il n'est pas nécessaire, je crois, de prouver que la Chambre est monarchique jusqu'aux moelles : cela ressort clairement de tout ce qu'elle a dit et fait jusqu'à présent. Il suffit qu'un membre de la gauche prenne la parole, pour que le tumulte de la droite et du centre le force immédiatement au silence ; il pourrait dire quelque chose d'utile, de sensé, de logique, et il faut reconnaître que cela arrive souvent, mais peu importe, l'étiquette fait condamner le vase, sans qu'on se donne la peine de goûter, fût-ce des lèvres, la liqueur qu'il renferme. Et que l'on ne m'accuse pas de partialité à cet égard. Voici un fait que je me rappelle, et que je certifie vrai. Au surplus, il suffit de se reporter au *Journal Officiel* du commencement d'avril pour reconnaître la véracité de ce que j'avance.

C'était le vendredi 31 mars, et la séance de la Chambre était assez orageuse. Tout le monde était sous l'empire de l'inexprimable émotion qu'imposaient les événements de Paris ; la gauche elle-même, les plus avancés, M. A. Peyrat, M. Langlois, M. Schœlcher, se ralliaient fortement aux partisans de l'ordre. Tout à coup M. Grévy prend la parole et dit : Messieurs, nos honorables collègues MM. Lockroy et Tolain vous proposent d'abroger l'article 49 de la loi du..... (1). Aussitôt tempête effroyable dans les bancs de la droite.

— Que ceux qui veulent maintenir l'article lèvent la main ! dit l'honorable président.

Naturellement, à une formidable majorité, la droite et le centre lèvent huit cents bras pour protester contre ces infâmes révolutionnaires. Au besoin même ils auraient levé le pied. Alors, avec la plus grande sérénité, un membre de la gauche demande la parole, et prie un de ses collègues de la droite de vouloir bien énoncer cet article de loi qu'ils refusaient d'abroger. Ce fut impossible, la droite ne savait même pas de quoi il s'agissait.

Mais l'abrogation était demandée par deux républicains, cela suffisait. En haine de la République, elle refusait les yeux fermés. Quant à M. Thiers, il est, je crois, permis de douter de ses sentiments tendres envers elle. Selon lui, la République, c'est un gouvernement avec un président héréditaire : ce qui est violer le principe même de la République, lequel est l'élection. Au reste, le grand historien qui gouverne la France ne se fait pas faute d'affirmer ses tendances monarchiques avec une noble franchise ; il ne veut conserver la République, dit-il, que parce qu'il ne faut pas embarrasser encore une situation déjà si inextricable. Toujours le Provisoire ! Mais là n'est pas sa vraie opinion. M. Thiers se sent pris dans cette impasse : ou affirmer la République, et alors c'est rompre d'un coup avec la Cham-

____

(1) La date nous échappe.

bre, qui peut faire un coup de tête, et perdre à jamais la France ; ou faire voter par cette même Chambre une monarchie quelconque, et alors c'est justifier l'insurrection de Paris. C'est un dilemme dont il est impossible de sortir. La Commune prétendait que l'armée héroïque de Versailles marchait contre elle au cri de : *Vive le Roi !* Donc elle avait raison de vouloir maintenir la République. Certes, chacun de nous sait la vérité à cet égard : la France n'a rien et ne peut rien avoir de commun avec les assassins et les bandits qui ont ensanglanté et incendié Paris ; mais gardons-nous de donner même une apparence de raison à l'Internationale, à cette implacable ennemie du droit, de la famille et de la religion, qui, loin d'être écrasée, dresse la tête plus fort que jamais. Or, pris entre une Assemblée nationale qui ne veut pas de la République, et un pays qui la veut peut-être, M. Thiers est obligé de louvoyer sans cesse pour ne pas briser contre l'écueil de la guerre civile ce qui reste de la France.

C'est en cela qu'il triomphe, c'est en cela qu'il a l'air d'avoir raison de vouloir maintenir le *statu quo* malgré tout ; il le dit, et on le croit sur parole, car il est plus facile de croire une chose sur parole que de se donner la peine de l'étudier. Mais nous, qui nous sommes imposé le devoir d'aborder franchement la vérité, nous allons indiquer les moyens qui nous paraissent les plus propres à dégager la situation actuelle de tous les obstacles qui l'embarrassent.

Nous avons montré quelle était la position respective de l'Assemblée nationale et du gouvernement, et quelles raisons les obligeaient les uns et les autres à ne pas sortir du Provisoire. Examinons maintenant la situation, telle que ces messieurs l'ont créée, dans toute sa vérité brutale. Un écrivain de beaucoup d'esprit disait : Quand je veux savoir si la France est tranquille, je vais trouver un négociant et je lui crie : « Vendriez-vous pour 10,000 francs de marchandises payables dans dix-huit mois, avec un intérêt de 10 0/0 ? » S'il me répond : non, je suis fixé ; le pays n'a pas confiance, et en interrogeant de même les trente premiers négociants de la ville où je me trouve, j'ai l'opinion résumée de toute une province.

Or, trouvez-moi aujourd'hui un négociant ou un banquier qui ferait pour 10,000 francs d'affaires, non pas à dix-huit mois, non pas six mois, non pas même à trois mois, mais à quinze jours ! Le commerce, l'industrie sont le pouls d'une nation. Quand le pouls ne bat plus, la nation est bien malade !

Et cela durera tant que M. Thiers n'aura pas abordé résolûment la question ; cela durera tant que nous aurons l'incertitude du lendemain. Quand trois cents *terribles M. Peyramont*, ainsi que dit mon éminent maître et ami Francisque Sarcey, suffisent à nous jeter dans un abîme de malheurs, on a bien le droit, je pense, de ne pas s'endormir tranquille !

Et remarquez que si la Chambre avait le malheur de trancher ce Provisoire elle-même, ce serait la guerre civile qui éclaterait, non plus seulement à Paris, mais à Nantes, à Bordeaux, à Lille, à Rouen, à Lyon, à Dijon, à Toulouse et à Marseille. Et alors nous pourrions dire comme autrefois Kosciuszko : *Finis Galliæ !*

Or, pour que la guerre civile n'éclate pas, et en même temps pour sortir de la situation où nous sommes, il faut que le pays soit appelé à se prononcer lui-même et à choisir lui-même le gouvernement qui lui conviendra. Force sera bien aux partis non élus de s'incliner devant la volonté souveraine.

Il y a à cela plusieurs objections : Un républicain dira que le suffrage universel tel qu'il existe est une absurdité ; un légitimiste ou un orléaniste, lui, sans prendre la question d'aussi haut, répondra qu'un plébiscite amènerait infailliblement le retour de l'Empire.

Nous allons, dans la suite de ce travail, nous attacher à réfuter ces deux objections. On a tort, selon nous, de condamner la pratique du suffrage universel, tel qu'il existe maintenant, car nous allons voir tout à l'heure quels obstacles s'opposent à ce bouleversement de notre constitution. Quant à l'autre objection, disant que le plébiscite nous ramènerait l'Empire, nous ferons remarquer simplement que c'est une simple opinion, se basant non sur des faits, mais sur des craintes que nous croyons mal fondées.

II

LE PLÉBISCITE.

Il est convenu que celui qui demande le plébiscite pour sortir de la situation actuelle, il est convenu que celui-là est un bonapartiste. Il y a comme cela de ces mots qu'on lance à tout hasard, et qui imposent silence aux timorés. Et ce n'est pas même un courant d'idées bien connu, qui a donné lieu à cette opinion, non ; mais on se dit que l'Empire a obtenu huit millions de voix au mois de mai ; donc il en serait de même aujourd'hui. Ce n'est pas là un raisonnement. Il est prouvé que quinze jours suffisent à changer l'âme d'une nation ; à plus forte raison une période de quatorze mois, de quatorze mois surtout aussi féconds en enseignements de tout genre, que ceux que nous venons de traverser. Mais là n'est pas la question ; peu importe à l'honnête homme, à l'homme convaincu, de voir travestir sa pensée et calomnier son opinion. Pour le moment nous voulons uniquement démontrer que le plébiscite est le seul moyen de trancher ce nœud gordien qui tient lié le sort de la France.

Nous avons prouvé dans le chapitre précédent que nous devions sortir de cette situation provisoire où M. Thiers voudrait nous conserver ; nous avons montré où était la maladie ; à présent, nous allons indiquer le remède ; puis nous étudierons les diverses objections qui pourraient le faire repousser, afin de les réfuter.

Le plébiscite, c'est l'expression libre de la volonté nationale.

Supposez un pays oligarchique, c'est-à-dire soumis au gouvernement de plusieurs, mais dont toutes les décisions de paix, de guerre et d'administration intérieure ou étrangère sont soumises à la consultation de cette volonté ; ce sera là l'idéal des gouvernements, idéal pratique, s'il est permis d'accoupler ces deux mots. Maintenant, si les chefs de ce pays, élus par son vote indépendant, veulent décider l'avenir qui l'attend sans le consulter, qu'en résultera-t-il? Une effrayante désorganisation dans l'équilibre des opinions; chacun voudra avoir raison et, comme on dit en langage vulgaire, tirer à soi la couverture ; puis le jour où ces chefs d'Etat, agissant d'après leur propre désir, voudront établir le mode de gouvernement qui leur semblera préférable, tous les partis non élus, ennemis d'abord, se ligueront tous contre l'adversaire commun, ce qui amènera, après un trouble moral effrayant, une guerre civile plus effrayante encore. Mais si au contraire les gouvernants offrent aux gouvernés de fixer une bonne fois la décision à prendre, nul ne pourra ensuite s'inscrire en faux contre la volonté générale énergiquement formulée.

Quoi qu'on dise, un chiffre est la plus grande logique de ce bas monde; et malgré tout ce que peuvent prétendre les rhéteurs qui ont perdu et perdront encore la France si on les laisse faire, une décision prise par cinq cent mille individus sera plus forte qu'une décision prise par cent mille.

Alors, pourquoi refuser de consulter cette opinion générale qui, seule, peut décider souverainement ? Pourquoi le gouvernement de Versailles, d'accord avec l'Assemblée nationale, refuse-t-il d'en appeler à ce grand tribunal de la France, qui peut juger en dernier ressort et sans appel ce qui doit être fait pour son salut ? La raison, la voici :

L'Assemblée nationale et M. Thiers sont royalistes, le pays est républicain. Consulter le pays, c'est faire voter la République nous en avons la ferme conviction. J'ajoute, c'est faire voter la République, ou l'Empire, car ce sont là les deux seuls partis en présence. Si encore l'Assemblée nationale avait la conviction que la royauté sortirait de l'urne, elle se déciderait peut-être à tâter du plébiscite ; mais voilà le malheur : elle a peur généralement de voir affirmer par la France entière le principe républicain, qu'elle ne peut pas comprendre, ou le principe bonapartiste qui lui fait peur.

Donc son intérêt refuse le plébiscite.

Maintenant, qui a élu la Chambre ? Le pays. — Pourquoi l'a-t-il élue? Pour signer un traité de paix, ou pour continuer la guerre à outrance. Alors que viennent faire à Versailles ces députés dont le mandat est expiré? De quel droit occupent-ils leur siége de représentants? D'abord représentent-ils la nation? Non, mille fois non! Ce sont des hommes qui ont reçu une mission, et pas autre chose! Cette mission remplie, ils doivent disparaître, ou tout au moins revenir demander au pays s'il leur conserve sa confiance pour la tâche à venir. Puisque j'ai pris tout à l'heure la comparaison d'un banquier, reprenons-la maintenant. Si je dis à mon homme d'affaires : « Achetez-moi pour 100,000 francs de rente, » une fois la rente achetée, mon banquier doit me rendre compte de ce qu'il a fait, et attendre de nouveaux ordres. Que diriez-vous d'un agent de change qui, pendant cinq mois, ferait des affaires pour son client sans le consulter? Je sais bien que M. Thiers est là, et nous dit: « Laissez-moi agir, je réponds de tout ! » Mais que l'illustre président du conseil me permette de le lui dire : Nous sommes payés pour savoir ce que valent ces affirmations que rien ne corrobore. Nous avons eu M. de Palikao qui nous a dit: « Je réponds de tout, laissez-moi faire ! » —Et nous avons eu Sédan, ci : 80,000 hommes. M. Bazaine a dit: « Je réponds de tout, laissez-moi faire ! » —Et nous avons eu la capitulation de Metz, ci : 150,000 hommes. M. Trochu a dit: « Je réponds de tout, laissez-moi faire ! » — Et nous avons eu la capitulation de Paris, ci : 500,000 hommes ; au total, nous avons perdu 658,000 hommes pour avoir eu trop de confiance. Croyez-vous que cela serait arrivé si nous avions un peu mis le

2.

nez dans nos affaires pour voir de quoi il retournait ? Remarquez de plus que la somme de confiance accordée par nous est en raison inverse de ce que nous avons perdu ! De telle sorte qu'il résulte de ce calcul que nous avons cru davantage à M. de Palikao qu'à M. Trochu, et que le second nous a coûté six fois plus cher que le premier. Si a proportion est toujours croissante, je ne sais pas trop ce que nous allons devenir. Mais l'Assemblée nationale ne s'occupe pas de tout cela. Les deux tiers de ses membres savent bien que si on consultait de nouveau le suffrage universel, le pays ne les enverrait pas siéger une seconde fois. Eussent-ils même accompli les douze travaux d'Hercule, leurs électeurs n'en voudraient plus, et la raison en est bien simple. Comme il s'agissait de signer le traité de paix, ou de continuer la guerre, et non de former une Constituante, on a choisi ceux qui étaient le plus à même de remplir cette mission. Les électeurs se sont dit qu'il fallait nommer des généraux pour la question militaire, des ingénieurs pour la question territoriale, des chefs d'administration pour la question économique. Cela était bien pour le but défini qu'ils avaient à remplir ; mais on me permettra de croire que dans une Constituante, des hommes d'État seraient préférables à des hommes spéciaux. M. le général Ducrot saura infiniment mieux que M. Louis Blanc, s'il est plus important de garder le territoire de Belfort que les abords du Luxembourg ; mais s'il s'agit de voter des subsides complémentaires aux instituteurs primaires, M. Louis Blanc sera infiniment supérieur à M. le général Ducrot. Les électeurs le savent, et quand il faudra nommer une Constituante, ils s'en souviendront : mais la Chambre le sait aussi, et elle a peur. Elle a peur de rentrer dans l'oubli, en votant un plébiscite qui amènerait sa dissolution, et par contre sa non-réélection, ainsi que nous venons de le prouver.

Donc son ambition refuse le plébiscite :

Et que devient la patrie dans tout cela? Ces messieurs y songent bien, ma parole d'honneur! La patrie? Que leur importe, devant leurs intérêts à satisfaire et leurs ambitions à assouvir! Que peut leur faire la volonté nationale, puisqu'ils se mettent au-dessus d'elle en siégeant malgré elle? Nous venons bien de voir que par intérêt et par ambition ils refusaient le plébiscite! Et quelles autres raisons pourrait-il y avoir pour le refuser aussi obstinément? On me dira que la Chambre, élue du pays, peut prononcer au nom du pays sur le gouvernement définitif à constituer. D'abord, elle n'a pas été nommée pour cela; ensuite il y a là une question à étudier : la question du premier et du second degré en matière d'élection; et c'est ce que nous allons faire tout à l'heure, car nous allons prouver dans un instant que quand bien même l'Assemblée nationale serait Constituante, elle n'aurait pas davantage le droit d'agir ainsi. — Serait-ce, maintenant, la crainte de voir l'ordre troublé, si le plébiscite nommait le comte de Paris, par exemple, au lieu de la République? Prenons la chose franchement : les uns disent que le plébiscite amènerait l'Empire, les autres le comte de Paris ou M. le comte de Chambord, et qu'alors éclaterait une guerre civile épouvantable, entre ceux qui auraient voté pour la République et ceux qui auraient voté pour une monarchie quelconque, empire, légitimité ou orléanisme. Eh bien, non; il est impossible qu'une pareille chose arrive, mille fois impossible! Quoi qu'on dise, en France comme partout, il n'y a que deux classes de gens : ceux qui sont honnêtes et ceux qui ne le sont pas. Les premiers s'inclinent toujours et en tout temps devant la volonté nationale ; les seconds refusent de la reconnaître, et alors ils font éclater une insurrection comme celle de Paris. Mais chacun sait que, dès le 18 mars, des quatre coins de la France sont arrivés dans la grande ville tous ces aventuriers politiques qui veulent avant tout le triomphe de leur opinion, sans s'occuper de la majorité : on peut donc espérer que bien écrasés, bien vaincus maintenant, ils ne pourront pas se retrouver ailleurs pour s'insurger à nouveau contre la volonté nationale. Cette crainte d'une guerre civile est donc chimérique, on le voit. Puis, pourquoi toujours cette partialité envers les républicains? Nous ne croyons pas, nous, que les monarchistes se soulèveraient si la République était votée ; que nos ennemis nous fassent la même grâce et croient en notre honneur, comme nous avons confiance dans le leur. J'ai donc montré, je l'espère du moins, d'abord que le plébiscite était indispensable, ensuite qu'il était refusé par la Chambre, par intérêt et par ambition ; en troisième lieu qu'il n'amènerait aucune espèce de désordre. Maintenant nous allons voir ce que produit l'élection au second degré, c'est-à-dire ce qui arriverait, si la Chambre s'arrogeait le droit de nommer elle-même le gouvernement définitif de la France.

Nous l'avons déjà dit, les chiffres ont une éloquence sans pareille, et il est toujours bon d'avoir recours à cette éloquence-là. On nous permettra donc d'établir par un calcul bien simple l'absurdité de l'élection au second degré.

Ainsi supposons un groupe de dix électeurs ainsi composé :

Républicains.	3
Légitimistes . . . . . :	1
Orléanistes.	3
Bonapartistes.	3
Total.	10

Ces dix électeurs ont droit à l'élection d'un député ; or, il y a deux concurrents en présence, ayant chacun une opinion différente très-accusée. Comme il arrive souvent dans les campagnes, l'un des concurrents s'intitule simplement candidat de l'ordre : l'autre est républicain avancé. Le premier aura donc sept voix ; le second n'en aura que trois. Donc voilà le candidat de l'ordre élu député. Notez qu'on ne lui a pas demandé son opinion ; qu'il peut adorer le dieu Bouddha : peu importe. Par hasard, ce député est légitimiste ; arrive le vote de la Chambre pour le choix d'un gouvernement, le député en question choisira le comte de Chambord, et tout sera dit. C'est-à-dire que sur dix électeurs il y en aura un dont l'opinion aura été traduite, et que les autres resteront d'autant plus mécontents, qu'ils se rendront mieux compte de l'injustice d'une pareille élection. Maintenant, grossissez les chiffres, et vous arrivez à cette conclusion mathématique : avec l'élection au second degré, les neuf-dixièmes des électeurs sont mécontents. Que la Chambre ait la faiblesse d'y consentir, si la guerre civile n'éclate pas immédiatement, il ne se passera pas un long temps avant que tout soit à recommencer. Faut-il une autre preuve de l'absurdité d'un pareil système ? Voilà pour le côté matériel ; voyons maintenant le côté moral.

Je ne veux soupçonner l'honorabilité de personne, ni faire de cette courte étude un pamphlet potitique ; mais enfin on me permettra d'avancer qu'il y a eu, en fait de vote parlementaire, quelques exemples de simonie. Un homme peut se laisser entraîner par une promesse alléchante, et donner son vote à un parti intrigant. Voilà donc, par le fait de la faiblesse ou de l'ambition d'UN député, l'opinion, l'espérance de cent mille créatures pensantes, anéanties d'un coup. Et la réciproque n'est pas vraie ! Dans un groupe d'électeurs, quelques-uns peuvent se laisser séduire, mais tous les trésors du monde ne parviendraient pas à acheter la majorité, quand cette majorité se compte par cinq millions de suffrages. Cela est, je crois, bien évident.

Donc l'Assemblée nationale, même devenue Constituante, n'aurait pas le droit de décider elle-même le gouvernement à venir, puisque ce serait là une élection au second degré, élection dont nous venons de démontrer l'absurdité. J'ajoute que tous les arguments contre le

plébiscite, arguments que nous avons détruits, se retour-
nent aussitôt contre elle. Ainsi les villes ne se croiraient
pas astreintes à une obéissance légale envers une décision
prise de cette manière. Elles crieraient à la simonie, à la
trahison, et le parti communiste en profiterait pour se relever, et redemander à Londres, à Bruxelles et à Berlin
les subsides d'hommes et d'argent qu'il en a déjà reçus
une première fois. Sans compter, comme je l'ai dit tout
à l'heure, que la Commune de Paris serait justifiée du
coup, puisqu'elle prétendait marcher contre les chouans
de Versailles. Or, chaque fois qu'elle montrait à ses sol-
dats le drapeau blanc porté par les défenseurs de l'ordre,
M. Thiers jurait qu'il n'avait pas d'autres desseins que de
conserver la République. Les communeux pourront donc
dire avec justesse : Vous voyez bien que nous avions
raison !

Et, il est triste de l'avouer, ces hommes verraient leur
conduite presque légitimée du coup ; et Dieu sait ce qui
sortirait de tout cela !

Voilà déjà nettement étudiés deux des points de la question grave qui préoccupe la France. Avant d'aller plus
loin, qu'on nous permette de résumer ce que nous venons
d'écrire en quelques mots :

1° M. Thiers prétend que nous ne devons pas sortir du
Provisoire.

Nous avons montré que le Provisoire nous tuait.

2° M. Thiers prétend qu'il n'y a pas d'autre remède à
la situation *inextricable* où nous sommes.

Nous avons montré que cette situation n'est pas si inextricable qu'il veut bien le dire, puisque le plébiscite est un moyen si simple d'en sortir, ayant le double avantage de trancher une bonne fois la question, et d'apaiser toute ambition de parti devant la volonté nationale.

En outre, nous avons indiqué les raisons qui empêchaient M. le président du conseil, d'accord avec l'Assemblée nationale, de voter ce plébiscite qui serait la fin de nos misères.

Voyons maintenant quel serait le résultat du plébiscite; et ensuite de quelle manière le suffrage universel doit être pratiqué.

Quel serait le résultat du plébiscite? Pour cela nous allons étudier l'esprit des villes et l'esprit des campagnes.

De quelle manière le suffrage universel doit être pratiqué, pour voir si l'abrogation de la loi de 1849 est possible.

III

L'esprit des villes et l'esprit des campagnes.

———

Quel serait le résultat du plébiscite ?

Toutes les villes sont républicaines ; une grande partie des campagnes est bonapartiste, quelques-unes, pourtant, voteraient la République si elles étaient consultées.

Voilà, je crois, ce qu'on peut répondre à cette question, sans craindre de se tromper. Quant au parti orléaniste et au parti légitimiste, je n'en parle pas, car ils ne comptent pas pour le pays.

D'abord il faut être conséquent avec le principe qu'on représente. Le comte de Chambord, roi de droit divin, ne peut pas accepter qu'un plébiscite le rappelle au trône de France. Le plébiscite, c'est, nous l'avons dit, la libre expression de la volonté nationale ; lui, fils de vingt rois, faits par Dieu, et tenant leur pouvoir de Dieu, ne peut pas s'incliner devant des hommes, ni recevoir de leurs mains la couronne que ses pères tenaient du ciel.

Un moment, on avait parlé de fusion. Quelques journaux avaient chanté victoire à propos de cette réconciliation de famille; on aurait vu, à les entendre, que si le comte de Paris devenait le légitime héritier d'Henri V, la France était sauvée. Cette fusion tant vantée était tout simplement impossible. Comment admettre, en effet, que M. le comte de Chambord pouvait penser un instant à s'unir avec le petit-fils de celui qui avait déshonoré sa mère? D'un autre côté, M. le comte de Paris, admettant l'autorité de M. le comte de Chambord, reconnaîtrait par là même que son grand-père était un usurpateur.

Voilà pour le côté moral.

Pour le côté politique, l'impossibilité de la fusion des deux branches royales françaises est aussi évidente. Si M. le comte de Chambord donne la main à son neveu, il aura contre lui tous les légitimistes purs : et en même temps les orléanistes ne pourront admettre un acte qui serait la condamnation même du principe qu'ils représentent.

Quant au parti orléaniste, une seule objection. M. le comte de Paris est le propre neveu du duc de Mecklenbourg-Schwerin; c'est-à-dire que le roi des Français aurait pour oncle maternel celui qui a ensanglanté nos campagnes ! Est-ce possible?

Certes, la famille d'Orléans est une famille sympathique : il y a dans chacun de ces princes, une chevalerie, un courage et une honnêteté, dignes du respect et de l'affection de tous ; mais n'oublions pas que l'honneur français nous défend d'aller demander un roi à la famille de celui qui a vaincu le général Chanzy.

Il ne reste donc en présence que les bonapartistes et les républicains.

Mais le paysan français veut avant tout la stabilité et le calme, et il a raison.

Ce qu'il veut, c'est vendre son bœuf ou son mouton, et engranger sans pertes la moisson récoltée ; voilà pourquoi on peut avoir confiance dans son discernement et son bon sens. Car, je ne sais trop pourquoi, quelques-uns des nôtres, sous prétexte que le paysan était incapable de comprendre la grandeur de l'idée républicaine, affectent de traiter avec le dernier mépris ce glorieux et obscur représentant du travail utile. Quand on a dit : rural ! on a tout dit. Cela signifie un être sans valeur, sans intelligence, sans patriotisme, bon tout au plus à semer des petits grains pour récolter du blé ; en un mot, une espèce de machime à travail égoïste et inconsciente. Mais que deviendrions-nous, pourtant, sans cette machine-là ? Qui nous donne la nourriture de chaque jour ? Qui fait de nos campagnes une terre si merveilleusement féconde, que nos ennemis eux-mêmes nous envient encore cette dernière gloire ? Ce rural, tant méprisé, c'est lui qui cultive le sol de la patrie, et ces petits grains dont je parlais, c'est ce qui donne le pain à toute la France ! Est-ce que la tâche obscure et ingrate qu'il remplit, ne vaut pas celle du premier braillard venu, qui, au club ou à la Chambre, monarchiste ou républicain, fera de grandes phrases bien sonores parce qu'elles sont creuses ? On lui refuse la valeur ? Est-ce que la tâche modeste qu'il accomplit n'exige pas de l'intelligence, par hasard? Quant à son patriotisme, lisez les huit mois de notre guerre, et voyez combien sont morts de ces paysans-là! Alors pourquoi refuser à ce travailleur infatigable le discernement nécessaire à tout électeur? Demandez-lui quel est le gouvernement de son choix : il répondra franchement. Or, le gouvernement qu'il élira sera le meilleur, JE LE SOUTIENS ; et la raison la voici :

Si vingt paysans ont à choisir entre un parti qui favorisera leurs travaux, et un autre qui les entravera, nul doute, n'est-ce pas, qu'ils ne prennent le premier ; cela est une vérité de M. de La Palisse. On me dira que leur choix est dicté par l'égoïsme, et non par la pensée de servir le pays : parfaitement. Mais il me semble que nous y gagnons, nous, qui ne vivons que par ces travaux. Laissons donc au *rural,* comme on dit, le soin de prendre celui qui lui semblera le meilleur ; tout le monde y gagnera !

Prenez le premier théoricien venu ; demandez-lui ce qu'il entend par suffrage universel, et il vous répondra : l'écrasement de la minorité intelligente par la majorité bête. Or, cette majorité bête, c'est tout bonnement le paysan dont nous venons de parler, c'est-à-dire que l'être intelligent, c'est lui, le citadin, ouvrier ou bourgeois, et que l'être idiot, c'est le rural. Rural ! bouc émissaire de tout ce qui se fait de mal en politique ! Or, je peux me tromper, mais je crois sincèrement que si on avait consulté ces ruraux au 4 septembre, ils n'auraient pas voté la République, ce qui nous auraient délivrés de ces hommes maudits qu'on appelle Jules Favre, Jules Ferry, Ernest

Picard et Trochu. J'en appelle à tout républicain honnête homme: quel est celui d'entre nous qui n'a pas pleuré en voyant la République croître sur des ruines? Celui qui a fait le 4 septembre, c'est le citadin; le rural n'aurait eu garde. La conclusion est que l'un a été un imbécile, tandis que l'autre a été intelligent. Oui, le paysan a dans son ignorance une intelligence suprême, et la Chambre le sait si bien, qu'elle ne veut pas le consulter de nouveau. Nommée par lui, son rêve serait de le renvoyer à son champ et de ne plus s'en occuper, procédé à la fois fort commode et très-expéditif.

Donc s'il est impossible de dire quel serait le résultat *certain* du plébiscite, il y a une chose que je puis affirmer, c'est ce que ce résultat serait *intelligent*.

Alors pourquoi refuser de consulter ceux qui amèneraient ce résultat intelligent?

Parce que MM. les députés savent très-bien que cela ne marcherait pas tout à fait suivant leur désir. Ils ont deux haines bien vivaces: 1º l'Empire; 2º la République. Or, nous venons de prouver que le plébiscite amènerait inévitablement l'un ou l'autre. Aussi n'ont-ils garde de consulter la nation! Maintenant, si vous lisez attentivement les débats de la Chambre, qu'y verrez-vous? La préoccupation constante d'attaquer l'un ou l'autre de ces principes. Vous croyez peut-être que nos députés songent avant tout au salut du pays? Allons donc! Leur mission est de *tomber* Napoléon ou la République, comme on dit, pas autre chose; il n'y a pas de séances où nous n'assistions à ce petit exercice. Il faut voir les colères qui éclatent lorsque le nom de M. Gambetta est prononcé ! Et dire que pas un de ces députés ne comprend combien le dictateur glorieux qui a sauvé l'honneur du pays sera grand dans l'histoire pour n'avoir jamais désespéré de la France ! Encore y a-t-il quelques républicains à la Chambre : MM. Louis Blanc, Edgar Quinet et leurs collègues sont des hommes supérieurs, plus forts à eux seuls que tous les mameluks de la droite ; mais l'Empire, par qui est-il représenté dans cette Assemblée? Or, moi qui ne l'aime pas, il s'en faut de beaucoup, je suis écœuré, je l'avoue, de cette lâcheté qui consiste à attaquer un adversaire sans défense. Voilà un beau courage, en vérité, et digne en tous points de ceux à qui M. Thiers disait : « Attendez huit jours, et la situation sera à votre hauteur ! » Triste chose qu'une Assemblée nationale manquant à ce point de dignité, qu'elle ne se lasse d'attaquer un ennemi à terre !

Donc il ne faut pas enrayer le suffrage universel ; gardons-nous d'altérer cette expression vivante de la souveraineté nationale. S'il est pénible de se dire que devant le scrutin un être intelligent a autant de valeur qu'un être qui ne l'est pas, réfléchissons à ceci : que, en fait d'élection ce n'est pas l'intelligence qui décide du choix, mais que c'est l'honnêteté. Craignons d'attaquer celui qui nous fait vivre, et de lui retirer son titre d'homme, en lui retirant son titre de citoyen ! Au reste, il n'y a pas, je pense, la moindre crainte à avoir à ce sujet. Les députés de Versailles savent bien que tout le monde y perdrait et eux tous les premiers !

En résumé, l'esprit des villes et des campagnes peut se

définir par cette phrase qui ressort clairement de ce que nous venons de dire : le citadin veut le trouble, coûte que coûte ; le paysan veut le tranquillité à tout prix.

Encore le citadin peut se diviser en deux parties : l'ouvrier et le bourgeois. L'ouvrier est tantôt ceci, tantôt cela ; quant au bourgeois, lui, il ne varie pas, car son opinion n'existe point. Il n'a qu'un rêve, qu'une idée : faire des *niches* au gouvernement, quel qu'il soit. S'il avait à choisir entre la République établie et le grand Mogol, il voterait sans hésiter pour le grand Mogol.

— Je prends ce fusil disait le bourgeois d'Henri Monnier, pour défendre les institutions de mon pays, et au besoin pour les combattre !

Or, M. Prudhomme est toujours citadin.

IV

CONCLUSION

———

Deux mots encore, avant de finir. Ce qui tue la France, c'est que tout le monde a une opinion politique, et que personne n'est Français. Je suis républicain, vous êtes légitimiste, bonapartiste ou orléaniste ; nous passons notre vie à nous attaquer les uns et les autres ; c'est très-bien. Mais que devient la France dans tout cela ? Pauvre France ! qui donc y songe dans cette cohue d'ambitions, où chacun se bouscule pour gagner une parcelle de fortune ou de pouvoir ? Nous avons perdu le sentiment de la patrie : c'est triste à dire, mais cela est. Eh bien, malgré nos ruines, malgré nos souffrances, cet amour seul, l'amour du pays, peut guérir nos plaies et nous rendre la force et la grandeur passées. Pour cela, recouvrons le calme, la tranquillité, le repos, l'espérance ; sortons de cette situation provisoire où nous nous traînons, et faisons un plébiscite, demain, dans trois mois, dans un an, mais faisons-le. Et devant la volonté française, que chacun s'incline et fasse abnégation de son opinion personnelle. Quel que soit le gouvernement qui sorte de l'urne, il sera du devoir de chacun de le soutenir, de le défendre, en l'éclairant quand il fera mal, en l'applaudissant quand il fera bien. Un certain nombre de républicains voudrait mettre le principe qu'ils défendent au-dessus de la volonté universelle. Nous qui sommes républicains de naissance, et qui avons sucé à la mamelle le lait de la liberté, nous réprouvons de toute notre indignation cette République de droit divin, défendue par des perturbateurs, ennemis de la grandeur de la patrie !

Un plébiscite amènerait infailliblement l'Empire ! s'écrie-t-on de toutes parts. Tant pis ! Mais quand même cela nous serait prouvé par $A + B$, il serait de notre devoir de le demander malgré tout. Un peu d'honnêteté en politique s'il vous plaît ! et si nous, républicains, nous sommes la minorité française, n'ayons pas la prétention d'imposer notre opinion à une majorité qui n'en veut pas ! Au-dessus d'un parti politique, il y a la patrie, il y a la France qui souffre et a besoin qu'on panse ses plaies encore ouvertes. Pour moi, je suis convaincu qu'un plébiscite amènerait la République ; mais si je me trompais, si c'était le nom de Napoléon qui sortît de l'urne, il faudrait s'incliner et défendre Napoléon. Un républicain ne deviendrait pas bonapartiste en faisant cela ; non, il serait bon Français ; voilà tout ! Ce qui a perdu la France, c'est la manie absurde de l'opposition systématique; rompons une bonne fois avec ces erreurs passées, et au lieu de diriger nos attaques contre le gouvernement qui est, que ce soit M. Thiers, Napoléon III ou Louis-Philippe II, occupons-nous du pays qui souffre et attend de chacun de nous sa part de travail à l'œuvre commune. Au nom du ciel, ne soyons pas divisés d'opinions, soyons Français! Ce qui fait la force de l'Allemagne, c'est qu'elle est unie, et que rien ne la brise. Nous avons été vaincus, nous, parce que nous avons pensé à l'intérêt de notre parti avant de penser au pays. Tant que le plébiscite n'aura pas décidé, disons tout, faisons tout pour que notre opinion triomphe; mais après, quel que soit le gouvernement qui en sorte, courbons la tête, et reconnaissons que la minorité doit s'incliner devant la majorité.

Athènes n'a pas voulu admettre cette vérité, et Athènes est morte; la Pologne n'a pas pu s'entendre sur son gouvernement, et la Russie a tué la Pologne. Nous avons vu dans l'histoire comment les peuples finissent: tâchons de montrer, maintenant, comment les peuples recommencent!

Paris, 21 octobre 1871.

Paris, imprimerie de Paul Dupont, rue J.-J.-Rousseau, 41. 3217.10.1.

www.ingramcontent.com/pod-product-compliance
Lightning Source LLC
Chambersburg PA
CBHW051348060726
47596CB00004B/1826